이 책은 기독교 메시지 속
신앙의 내용을
우리 시대에 적합하면서도
생생하고 설득력 있게
제시해 준 모범적인 사례입니다.

— 복음주의 루터 교회 신문(Ev.-Luth. Kirchenzeitung)

복음, 인생의 의미를 묻다

헬무트 틸리케 지음

이영욱 옮김

복음, 인생의 의미를 묻다

지음	헬무트 틸리케
옮김	이영욱
편집	김덕원, 이지혜, 이찬혁
디자인	이지혜
발행처	감은사
브랜드	아드벤트
발행인	이영욱
전화	070-8614-2206
팩스	050-7091-2206
주소	서울특별시 강동구 암사동 아리수로 66, 401호
이메일	editor@gameun.co.kr

종이책

초판1쇄	2025.08.31.
ISBN	9791194969099
정가	10,000원

전자책

초판발행	2025.08.31.
ISBN	9791194969105
정가	8,000원

아드벤트는 감은사의 임프린트입니다.

Unser Leben mit Gott

Helmut Thielicke

© 1962 by Helmut Thielicke
Originally published in German under the title *Unser Leben mit Gott* by Johannes Kiefel-Verlag, Wuppertal-Barmen, Germany.
This Korean edition is translated and used by permission of Rainer Thielicke, Hamburg, Germany through rMaeng2, Seoul, Republic of Korea.
This Korean Edition © 2025 by Gameun Publishers, Seoul, Republic of Korea

이 한국어판의 저작권은 알맹2를 통하여 Johannes Kiefel-Verlag와 독점 계약한 감은사에 있습니다. 신 저작권법에 의하여 한국 내에서 보호받는 저작물이므로 무단 전재와 무단 복제를 금합니다.

목차

추천사 / 9

복음이 던지는 질문 / 11

여전히 존재하는 질문 / 15

사람아, 네가 어디에 있느냐? / 25

삶을 인도하는 책 / 29

하나님과 함께하는 우리 인생 / 37

하나님과 사람 사이에 놓인 상황 / 39

심연의 저편에서 뻗은 손 / 43

하나님과의 대화 / 45

공동체의 표징 / 47

우리는 하나님을 경외하고 사랑해야 합니다 / 49

핵심 전략 / 53

하나님 앞에 선 개인/인격 / 57

마음속에 있는 가장 강력한 권세를 조심하라 / 61

세상의 황혼과 하나님에 대한 사랑 / 65

하나님의 절대적인 통치권 / 69

역사의 결정적인 요소 / 71

하나님의 통치를 위한 첫 번째 발판 / 75

복음, 놀라운 소식 / 81

나는 믿습니다 / 87

    왕족 혈통의 기원 / 88

    모든 선물을 주시는 분 / 89

    값없는 선물 / 89

감사와 순종 / 93

시리즈 소개: "도상에서"(Auf dem Weg) / 99

추천사

최주훈 목사(중앙루터교회)

"돼지와 운명 사이의 황폐한 무인지대!" 틸리케가 진단한 현대인의 실존은 오늘 한국 교회의 자화상과 다르지 않습니다. 이 책은 루터의 소교리문답을 4막의 드라마로 펼쳐 내며, 심연에 빠진 우리에게 하나님의 손길이 어떻게 찾아오는지 생생하게 보여 줍니다. 틸리케는 박물관 유물 같던 교리를 살아있는 동반자로 변화시키며 우리를 초대합니다. 십계명에서 시작해 성만찬으로 완성되는 이 책의 여정은 심판의 율법에서 아버지의 품으로 돌아가는 복음의 드라마입니다. 목회자에게는 '있는 그대로의 인간'을 향한 설교의 지혜를, 평신도에게는 매일 새롭게 시작되는 신앙의 모험을 선사할 것입니다. "복음은 부담 없이 차를 마시며 토론하기를 바라는 자들을 위한 것이 아니라", "온 맘 다해 그분을 찾는 자들을 위한 것이다!" 틸리케의 선언이 담긴 이 책이 한국교회와 숨겨진 신자들을 깨우는 망치와 위로가 되길 바랍니다.

복음이 던지는 질문

복음은 부담 없이 차를 마시며 자연스럽게 그리고 무엇보다도 어떤 결단 없이, 가벼운 주제들을 가지고 토론하기를 바라는, 그저 종교에 관심 있는 자들을 위한 것이 아닙니다. 오히려 복음은 온 삶을 바쳐 이를 진지하게 받아들일 준비가 된, 그런 사람들을 위한 것입니다. 복음은 종교적인 사람들을 위한 것도, 몽상가들을 위한 것도, 유행하는 세계관이나 슬로건을 따르는 자들을 위한 것도 아닙니다. 그보다도 복음은 온 마음을 다해 그분을 찾고, 그분을 따를 준비가 된 사람들을 위한 것입니다.

    우리는 복음 안에서 답을 얻을 뿐 아니라 물음도 마주

하게 됩니다. 복음은 우리 삶의 모든 질문에 답을 해 줍니다. 하지만 반대로 말하더라도 참입니다. 곧, 복음은 우리 모든 인생을 향해 질문을 던집니다. 예수 그리스도의 권역으로 들어온 우리 모두는 그분이 우리에게 질문들을 쏟아내신다는 사실을 금세 알아차리게 됩니다. 우리는 외부의 시선 속에서 질문을 발견하고, 우리 자신을 매우 냉철히 바라보게 됩니다.

이를 이해하기 위해 예수님 주변에서 일어나는 장면들을 살펴보도록 합시다.

예수님은 많은 사람에게 늘상 질문을 받으십니다. 예컨대, 예수님은 이런 질문들을 받으신 적이 있습니다. "내가 무엇을 해야 영생을 얻을 수 있습니까?" 또는 "당신이 그리스도입니까?" 예수님은 답변을 직접 내놓으시기보다, 대개 질문하는 사람이 대답하도록 되물으십니다. 마태복음 21장 23절의 이야기를 예로 들어 보겠습니다. 유대인 지도자들이 예수님에게 "당신이 무슨 권한으로 이런 일을 합니까?", "누가 당신에게 그 권한을 주었습니까?"라고 물었습니다. 이때 예수님은 간단명료하게 대답하시기보다 도리어 되물으셨습니다. "한 가지 묻겠습니다. 요한의 세례는 어디서 왔습니까? 하늘에서 왔습니까? 아니면 사람에게서 왔습니까?"

이 질문을 했던 유대인 지도자들은 도리어 질문을 받고서 크게 당황했습니다. 그들은 속으로 생각했습니다. '하늘에서 왔다고 하면, 그럼 왜 그를 믿지 않는지 물을 것이고, 사람에게서 왔다고 하면 요한을 예언자로 여기는 사람들이 가만히 있지 않겠구나.'

이런 딜레마에 직면하여 속내를 드러내야 하는 상황에 놓이자, 그들은 "모르겠습니다"라고 말합니다. 그러자 예수님은 대답하기를 거부하시며 대화를 끝내셨습니다. "나도 무슨 권한으로 이런 일을 하는지 말하지 않겠습니다." 이 짧은 대화에서 무엇이 드러났습니까? 바로, 예수님을 회피하려는 저들의 마음이 드러났습니다. 그들은 요한에 대해, 그리고 간접적으로는 예수님에 대해서도 분명한 입장을 취하지 않으려고 했습니다. 그들은 속내를 드러내기를 거부했습니다. 결정하기를 거부했고, 그 결정과 관련된 위험을 감수하기를 거부했습니다.

이제 우리는 예수님이 **어째서** 되물으셨는지, 그리고 어째서 항상 그렇게 하셨는지 이해하게 됩니다. 그분은 사람들이 입장을 정하기를 요구하신 것입니다. 실로 사람들은 늘 어떤 입장 위에 서 있습니다. 위의 대화에서 유대 지도자들은 사실상 회피의 입장을 취한 셈입니다. 대답을 회피한 것도 하나의 대답입니다. 그리고 본인의 무관심을 표명하는 것은 대부분 거기에 지대한 관심이 있지만 특정 위험 요소에는 너무 가까이 다가가고 싶지 않다는 것을 뜻합니다.

이렇게 예수님은 질문에 대한 대답을 요구하심으로써 모든 인생과 모든 존재에 호소하십니다. 만약 그들이 온 마음 다해 예수님의 뜻을 따를 준비가 되어 있지 않다거나, 진리를 마주하고서 안전만을 챙긴다거나, 영원과 결부된 문제를 두고 편의만을 생각한다면, 예수님은 뒤로 물러나실 것입니다. 오로지 진리에 속한 자들만이 그분의 음성을 듣게 됩니다. 그 외에 다른 이들은 아무것도 듣지 못합니다. 그들은 예수님이 누구이신지 결코 알 수 없습니다.

따라서 복음은 우리 인생의 중대한 질문들과 이중적인 관계를 가지고 있습니다. 복음은 우리 인생의 질문에 대답을 해 줌과 동시에, 우리가 마주해야 할 질문들을 제기해 줍니다. 이 이중적인 방향을 가지고 복음은 우리 인생에 중대한 동인(動因)을 부여합니다.

여전히 존재하는 질문

이제 다른 관점에서, 복음의 메시지가 얼마나 가까이에서 우리 인생에 영향을 미치고 어떻게 우리 인생 가운데 실현되는지 명확히 하고자 합니다. 즉, 우리는 복음과 우리 시대가 마주한 질문이 어떤 특별한 관련이 있는지를 살펴보려 합니다.

우리 개신교 교회의 첫 번째 질문은 마르틴 루터(Martin Luther)로부터 나왔습니다. "우리가 어떻게 자비로우신 하나님을 만날 수 있을까?"

하지만 오늘날 사람들에게는 하나님의 존재 자체가 의문의 대상입니다. "믿음을 가지고 있다"라는 자기 확신에

찬 말에 속아서는 안 됩니다. 대부분의 경우, 이 말은 자기 자신의 무력감을 에둘러 표현하거나 이를 꽃으로 두른 뒤 화환으로 만들어 감추려는 시도와 같습니다. 대도시에 있는 교회들이 전쟁 중에 폭격을 받은 후에는 텅텅 비게 되는 경우가 드물지 않습니다. 이는 인간 존재를 무의미하게 만들어 버린 그 비극이 신의 존재, 특히 사랑의 하나님이라는 존재와 더 이상 풀 수 없는 문제, 모순처럼 보이기 때문인 것 같습니다.

중세 시대 루터가 던진 질문과 오늘날의 문제 사이에 무슨 상관이 있는지 궁금하다면, 우리가 지금 올바른 길을 가고 있는 것입니다.

이는 다음의 사실을 이해할 때 더욱 분명해집니다. 즉, "우리가 어떻게 자비로우신 하나님을 만날 수 있을까?"라는 루터의 질문 자체가 "아담아, 사람아, 네가 어디 있느냐?"라는 하나님의 질문에 대한 아담의 숨겨진 대답, 또는 더 정확히 말하자면 숨겨진 메아리라는 사실을 깨닫는다면 말입니다. 저 질문은 잘 알려진 바와 같이 타락 이야기에서 만물의 질서를 깨뜨리고 타락해 버린 아담에게 하나님이 죄를 물으실 때 등장합니다. 따라서 "우리가 어떻게 자비로우신 하나님을 만날 수 있을까?"라고 묻는 것은 심판자 하나님을 만난 셈입니다. 그는 살아계신 하나님의 위엄을 견뎌야만 했습니다.

하지만 자비로우신 하나님에 관한 이 질문은 더 이상 우리 시대의 질문이 아닌 것처럼 보입니다. 그 질문은 더 이상 공공장소에서 들리지 않습니다. 어떤 거리나 카페, 영화관에서도 그런 질문을 만나기 어렵습니다. 우리의 삶에 대한 태도가 전반적으로 변해 버렸다고도 말할 수 있겠습니다. 그런데 나는 이제 묻고자 합니다. 그런 현상이 이 질문의 정당성에 관해 왈가왈부할 수 있을까요? 이 질문이 더 이상 제기되지 않는다는 사실이, 한때 이 질문이 지칭했던 바 '과거에 있던 신'이 죽었음을, 그리고 더 이상 그런 질문을 던질 수 없는 서구 기독교의 황혼이 찾아왔음을 의미할 수 있을까요?

아니면, 어쩌면 정반대가 아닐까요? 우리 안의 무언가가 죽거나 마비된 것은 아닐까요? 오늘날 평범한 인생이라는 작은 배가 하나님이라는 날 선 암초에 거의 걸리지 않는 점은 확실해 보입니다. 인생이라는 배는 통상 더 이상 심판자 하나님에 부딪혀 좌초되지 않습니다. 그와는 완전히 다른 암초들이 우리의 항로를 가로막습니다. 이는 '과거에 있던 암초'가 더 이상 존재하지 않거나 또는 애초에 존재한 적이 없기 때문일까요? 아니면, 우리 인생의 용골이 더욱 평평해져서 더 이상 암초에 닿지 않기 때문일까요?

오늘날에는 아주 소수의 사람만이 자신의 삶에 결정적인 역할을 하는 진리, 인생의 의미, 그리고 하나님에 대해 질문을 던집니다. 보통 사람들은 그런 질문들이 아무 의미가 없어 보인다는 이유로 질문하기를 포기했습니다. '왜', '무엇 때문에'라는 질문도 없이, 더 이상 질문을 제기할 수 없는 거대한 어둠 속에 서 있습니다. 이렇게 사람들은 현재의 순간 속에만 살면서 거기에 몰입하기를 요구받습니다. 과거든 미래든, 이 순간 너머에 있는 모든 것은 어두침침한 가운데 있을 뿐더러 탐구할 수도 없습니다. 사람들은 체념한 채 어둠 앞에 멈춰 서게 됩니다. 하필이면, 겉으로는 그렇게 영웅적인 행동가로 보이고 싶어 하는 그 사람들이 말입니다.

이를 아주 구체적인 현실 속 사례로 확인하고자 한다면, 교통사고를 당하거나 거기서 운 좋게 빠져나온 사람 또는 아주 어려운 고시나 좋은 회사 취직에 있어서 실패하거나 성공한 사람에게 물어보면 됩니다. 혹시 누군가가 사고에서 무사히 빠져나오거나 시험을 성공적으로 치렀다면, 그건 순전히 '행운'입니다. 이 행운은 보통 하찮은 동물, 곧 '돼지'로 묘사됩니다(독일어에서 '돼지를 갖다'[Schwein haben]라는 표현은 "운이 좋다"를 가리키는 숙어입니다—역주). 이 사례만 보더라도 행운이란, 그 이면에 있는 것이 고귀한 개념이 아니라 그저 저급한 차원의 개념이라는 것을 알게 됩니다.

혹시 사태가 잘못된다면, 그건 순전히 '운명'입니다. 운명 또한 이를 주도하는 개념이 없습니다. 맹목적입니다. 그래서 이때에도 사람이라는 존재는 양쪽에서 꽉찬 어둠에 둘러싸여 있으며, 더 이상 질문할 수 없습니다. 오늘날의 사람들은 '돼지'와 '운명' 사이의 황폐한 무인지대에서 고독히 살아갑니다.

이러한 내면의 상태는 영화 〈황금 도시〉(*Die goldene Stadt*)에서 분명하게 나타납니다. 보통 영화들의 수명이 길지 않듯이, 이 영화는 오래전에 자료 보관소 속으로 사라졌습니다. 그렇지만 어떤 상황을 설명하고자 할 때, 한때 자신에게 깊은 인상을 남긴 경우를 예로 들어 설명하는 것은 충분히 의미가 있을 것입니다.

부유한 농부의 딸이자 매력적인 소녀, 활달하고 시원하며 호감을 주는 이 소녀는 대도시, '황금 도시와도 같은 프라하'로 가기를 동경합니다. 프라하는 그의 상상 속에서 매혹적인 동화 나라와 같았습니다. 마침내 마음에 그리던 목적지에 도달했을 때, 그는 반쯤은 죄책감으로, 반쯤은 무책임으로, 반쯤은 스스로 달려가고, 반쯤은 떠밀리듯이, 타락의 길로 접어들게 됩니다. 거기에 인간의 고뇌와 고통이 끝없이 뒤따릅니다. 죄책과 운명이 서로 얽힙니다. 마침내 그 인생은 산산조각나게 되고, 아버지에게 버림받은 후, 목숨을 스스로 끊기에 이릅니다. 이 소녀는 앞서 불행했던 그의 어머니를 삼켰던 장소인, 한 늪에 자신을 내던졌습니다.

이 짧은 영화에서 분명하게 인간은 궁극적인 질문, 즉 '죄책과 운명'을 마주하게 됩니다. 이 영화는 이 질문을 어떻게 해결할까요? 우리는 이 질문을 다음과 같이 더욱 구체적으로 표현할 수 있습니다. '인간이 대체 무엇이길래 그 삶은 끊임없이 심연의 끝을 따라 걸으며, 추락은 피할 수 없는 것처럼 보이는 것일까요? 우리 삶을 깨뜨리고 사랑과 죽음을 서로 가까이 끌어당기는 파괴적인 힘은 과연 무엇일까요?' 시대를 반영하고 있는 이 영화의 놀라운 점은 단지 저 질문들이 해결되지 않는다는 데 있는 것이 아니라, 그런 질문들이 단 한 번도 제기조차 되지 않았다는 데 있습니다. 그 대신 완전 다른 일이 벌어집니다. 그 소녀의 아버지가 그 늪을 개간한 것입니다. 그는 인생이라는 배가 좌초한 **장소**를 치워버립니다. 그러나 그 좌초의 **이유**에 대해서는 묻지 않습니다. 영화의 이런 식의 '해결 방식'은 우리 시대가 궁극적인 질문, 더 나아가 인생 자체에 대해 완전히 무력하다는 것을 드러내는 것은 아닐까요? 죄책의 결과, 곧 자살의 흔적(늪)을 제거하려 하면서도 그 원인에 대해서는 묻지도, 치유하지도 않고 내버려 두는 것보다 더 절망적인 해결이 또 있을까요? 이는 마치 다음의 상황과 같습니다. 내면의 깊은 고통에 시달리는, 양심의 가책이나 절망적인 슬픔에 짓눌린 사람이 끝끝내 정신과 의사나 목사를 찾아가, 간절하고 절박한 눈빛으로 도움을 바라며 그들을 바라봅니다. 그런데 이들은 고난에 잠긴 사람이 스스로 목을 매지 못하도록 허리띠를 벗기기만 하고, 깊은 영혼의 상처를 그대로 떠안은 채 집으로 돌려 보내, 홀로 있도록 내버려 두는 상황 말입니다.

    결국 이 영화는 시선을 사로잡는 한 장면으로 마무리

됩니다. 한때 늪과 습지였던 땅 위에 황금 이삭들이 일렁이게 됐습니다. 하지만 이 이삭들은 영화 표면이 아닌 그 너머를 바라보는 사람들에게는 참담할 만한 무언가를 내포합니다. 이는 마치 무덤 위에 핀 꽃과 같으며, 그 무덤 속에는 여전히 풀리지 않은 수수께끼가 묻혀 있는 듯 보입니다. '죄책', '죽음', '하나님'이라는 수수께끼 말입니다. 꽃으로 장식된 인생이라는 표면 아래, 늪은 여전히 비밀스럽게 속삭이고 있습니다. 우리는 자문해 보아야 합니다. 그 늪지를 개간했던 농업의 발전, 우리 기술 문화의 진보, 그리고 20세기에 이룬 성취가 어쩌면 깊은 무력감을 감추기 위한 찬란한 장식과 반짝이는 덧칠에 불과한 것은 아닌지 말입니다. 종교 지도자 혹은 그런 영화를 깊은 통찰로 바라볼 수 있는 사람이라면 누구나 죄책, 고통, 죽음이라는 세 개의 그림자가 인생의 문을 두드릴 때 인간이 얼마나 무력한지 알고 있습니다. 이는 인류의 아주 오랜 질문입니다. 우리는 이 질문들을 극복한 것이 아닙니다. 부자, 학자, 국가 지도자 들도 무명의 노동자, 이름뿐인 영웅, 심지어 일상에서 좌절하는 사람 들과 마찬가지로 그 질문들에 노출되어 있습니다. 수천 년 전과 마찬가지로 지금도 그렇습니다.

우리는 앞에서 제기한 질문들을 해결한 것이 아닙니다.

우리는 그저 잠과 꿈에 빠져 있을 뿐입니다. 만일 모든 것이 착각이 아니라면, 하나님이 이 격동의 시대에 전 세계에 자신의 종말론적 기마병들을 보내시는 것은 바로 우리가 그들의 말발굽 소리에 깨어나 다시금 이 궁극적인 질문들과 맞서야 하기 때문일 것입니다.

사람아, 네가 어디에 있느냐?

언젠가 하나님에 대한 질문이 다시 떠오르게 될 것입니다. 우리가 얼음장 같이 차가운 운명을 더 이상 견딜 수 없을 때 말입니다. 그때에 우리는 마음이 돌처럼 얼어붙는 때를 더 이상 견디지 못하고 불처럼 뜨거워진 마음을 갖기 바라면서 세상을 통치하시는 아버지의 마음을 알기를 소망하게 될 것입니다.

우리는 얼어붙고 굳어진 마음—운명에 대한 믿음과 태도 때문에 굳어진 마음—을 녹여 줄 봄바람을 기다립니다. 하지만 굳어진 마음의 반대어는 부드러운 마음이 아니라 열린 마음입니다. 우리는 다시 믿게 되기를, 다시 집으로

갈 수 있기를, 다시 평화를 누리기를 바라고 있습니다.

그러나 "하나님, 어디에 계십니까?"라는 외침이 다시 울려 퍼질 때, 이것이 집으로 돌아가는 길을 찾았다는 표식은 아직 아닙니다. 도리어 우리가 하나님으로부터 멀리 떠났고 그분을 잃어버렸다는 표식일 것입니다. 그렇지 않다면 우리는 그분을 부르지 않았을 것입니다. 하지만 조만간 우리는 엄마를 잃은 아이와 같이 하나님을 부르게 될 것입니다.

그러면 하나님이 우리의 손을 잡아 주실 것입니다. 하지만 그에 앞서 먼저 우리에게 "사람아, 네가 어디에 있느냐?"라고 물으실 것입니다. 이 질문을 통해 하나님은 우리가 처한 그 낯선 상황에 대해 알고자 하실 것입니다. 우리는 스스로 이 낯선 상황을 이해할 수 있어야 합니다. 우리가 저 깊고 깊은 곳에서 부르짖고 있다는 것을, 어두컴컴한 골짜기를 지나고 있다는 것을 알아야 하며, 우리가 길을 잃은 아이라는 사실을 알아야 합니다.

우리가 길을 잃었다는 사실을 분명하게 드러내 주는, 하나님의 이 질문을 고대 교회의 용어로, "하나님의 율법"이라고 부릅니다. 하나님이 우리 앞에 들이대시는 이 율법은 거울입니다. 이제 우리는 우리 자신의 초상을 마주해야 합니다. 그것은 결코 아름답게 비춰주는 화장대 거울이 아닌, 우리를 그 안에 담고 있는 장엄한 하나님의 눈동자입니다.

삶을 인도하는 책

무언가를 믿을 수 있기 위해서는 무엇을 믿어야 하는지, 달리 말하자면, 확신을 가지고 삶을 맡길 수 있는 토대가 무엇인지 알아야 합니다. 그것은 우리가 진리라고 믿어야 하는 교리의 총합으로 표현될 수 없습니다. 우리는 깨달음을 주지도 않고 마음에 와닿지도 않는 것, 곧 그것을 받아들이도록 스스로 강요해야 하고, 결과적으로 오히려 다른 것들을 밀어내고 억누르게끔 만드는 것에 삶을 확고하게 맡길 수 없습니다. 그런 것은 위선이나 콤플렉스로 인도할 뿐이며, 그 둘은 모두 구원에 반대되는 현상입니다. 이는 비참한 속박만을 가져올 뿐입니다.

그렇기 때문에 우리가 무엇에 삶을 확실히 맡길 수 있는지 가르쳐 주는 교과서는 교리의 목록으로 구성될 수 없습니다. 그 책은 오직 영적인 삶—진정한 '삶'!—에 반영될 뿐이며, 우리를 그 삶과 연결해 줍니다. 나는 교과서가 우리에게 이 삶을 '가르쳐 준다'고 말하려는 것이 아닙니다. 삶을 어떻게 가르칠 수 있겠습니까! (그래서 '교과서'라는 단어는 어떤 조건하에서만 옳습니다.) 삶이 무엇인지는 보여줄 수만 있습니다. 또한 흉내낼 수도 있을 것입니다. 어디서 발견할 수 있는지 누군가에게 방향을 제시할 수도 있습니다. 어디에서, 어떻게 발견할 수 있는지 알려줄 수도 있습니다. 내 생각에, 그런 것들은 일회성 시범 행위가 아니라, 삶 가운데 따라야만 하는 지침과도 같습니다(우리가 그 지침을 신뢰한다면 말입니다). 만일 '수학의 정석'처럼 딱딱하게 들리지 않는다면, 나는 '안내서'(Leitfaden)라는 용어를 사용하고 싶습니다. 이 단어를 사용함으로써—물론, 이 단어가 통제, 억압, 그리고 무엇보다도 딱딱함을 암시하지 않는다면—교리문답서가 바로 그런 안내서라는 사실을 말하고 싶습니다. 교리문답서를 학습하는 일에는 결코 끝이 없다는 사실, 그리고 오직 깊어짐으로써 성장할 때 비로소 이해할 수 있다는 사실에서 교리문답서가 (무언가를 가르쳐 주는) 교과서(Lehrbuch)라기보다는 (스스로 배우도록 돕는) **학습**서(Lernbuch)에 가깝다는 것이 드러납니다.

루터는, 교리문답서를 암기해야 하며 가장은 그 내용을 자녀와 종 들에게 정기적으로 질문해야 한다고 분명하게 권면한 바 있습니다. 이는 교리문답서가 지속적으로 노출되어야 함을 시사합니다. 끊임없이 다루고 경험해야만 본연의 충만함을 드러내는 내용들과 질문들이 있습니다(그리고 그것들은 흔히 삶에서 가장 심오한 것들입니다). 여기에 성경과 교리문답서가 속합니다.

그렇기 때문에 교리문답서는 성경과 마찬가지로 지극히 고독한 책이 됩니다. 평생에 걸쳐 깊어짐으로써 성장할 수 있는 공간을 제공할 만큼 호방한 책은 세상에 거의 없습니다. 극적인 예를 하나 들어보려 합니다. 추리 소설에 빠져들어 학교 숙제고 뭐고, 어머니의 요구고 뭐고 할 것 없이 모든 것을 잊고 지내는 나이가 있습니다. 아들이 자기가 할 바를 잊은 채 그런 책에 매진하고 있는 것을 보고 잔뜩 화가 난 아버지는 그에게 그 책을 다시 한번 읽게 하는 것보다 더 끔찍한 처사는 없을 것이라고 생각했습니다. 추리 소설을 두 번 읽는 것은 흡사 고문과도 같습니다. 왜 그럴까요? 추리 소설의 생명은 한 장 한 장 독자들을 놀라게 하는 새로움에 있기 때문입니다. 탐정의 기지와 작가의 장치 들을 파악하자마자 소설은 그 참신함을 잃고, 더불어 모든 매력을 상실하게 됩니다. 그제서야 소설을 옆으로 치워 둘 수 있습니다. 그렇게 해야만 합니다. 곁에 두고 계속 읽어야 한다면 아주 곤욕스러울 것입니다.

성경과 교리문답서는 그것과 무엇이 다른 것일까요? 교리문답서는 '새로운 것'을 가르쳐 주지 않습니다. 오히려 그 반대입니다. '옛것'만 가져다 줍니다. 교리문답서는 단순히 가르쳐 주는 것이 아니라—이것이 결정적인 차이인데—예수님과의 교제로 인도해 줍니다. 우리가 그분의 사랑을 받고 있음을 알도록, 그리고 이어서 우리가 그분을 사랑할 수 있도록 이끌어 줍니다.

우리 모두는 참 사랑, 그것을 넘어서 성장할 수 없고 단지 그 사랑 안에서만 깊어질 수 있음을 알고 있습니다. 연인들의 대화에는 결코 끝이라는 것이 없습니다. 이때 상대방의 관심을 끌기 위해 항상 새로운 소식만을 전하고 화젯거리만을 집어 들어야 하는 것은 결코 아닙니다. 이들이 하는 모든 말―그런데 그 말을 인쇄된 글로 볼 때 아무 의미가 없어 보이는 시덥잖은 소재들도 있습니다―은 단지 상대방이 그 말을 했다는 이유로, 이를 통해 그의 인격, 그의 인간성이 살아 숨쉬게 되고, 그 안에서 표출되기 때문에 중요합니다.

젊어서 처음으로 사랑의 설렘을 느낄 때와 나이가 들어서 사랑하는 것은 다릅니다. 그러나 사랑하는 이의 새로운 모습이 계속해서 드러나게끔 해 준다는 면에서는 두 사랑이 같습니다.

교리문답서가 우리를 예수 그리스도와의 교제로 이끌어 갈 때에도 그와 유사하다고 말할 수 있습니다. 거기에는 오로지 더 깊어지는 것만 있을 뿐, 그것을 넘어가고 벗어나는 일은 없습니다. 괴테(Goethe)는 "사랑하는 것만 이해할 수 있다"라고 말한 적이 있습니다. 그렇기 때문에 나는 예수님을 결코 다 배울 수 없습니다. 그분의 사랑 안으로 점점 더 깊이 들어감으로써 성장하고, 그만큼 그분을 더 잘 이해하게 되며, 또한 나의 사랑은 점점 더 커지기 때문에, 나의 탐구는 결코 끝이 없을 것입니다.

한 젊은이가 나사렛 예수의 모습에 압도되어 처음으로

"당신은 그리스도시요 살아 계신 하나님의 아들이십니다"라고 말했을 때, 그 어조는 하나님의 나이 지긋한 종이 자신의 삶의 경험을 동일한 문장으로 요약할 때와는 완전히 다릅니다. 내 인생의 길을 인도해 줄 안내자가 곁에 있음을 처음 발견해서, 이제 완전히 새로운 의미의 삶, 완전히 새로운 노선의 삶을 정열적으로 시작할 때가 있습니다. 마티아스 클라우디우스(Matthias Claudius)는 노년의 그리스도인의 경험을 이렇게 요약했습니다. "그리스도를 믿기 원치 않는 사람은 그리스도 없이 어떻게 살아갈 수 있는지 경험해 보아야 한다. 나도, 당신도 그렇게는 살아갈 수 없다. 우리가 살아 있는 동안에는 우리를 들어올려 주고 붙잡아 줄 누군가가 필요하고, 우리가 죽음을 맞이할 때에는 우리 머리 아래 손을 받쳐 줄 누군가가 필요하다. 그리고 그분에 대해 기록된 바에 따르면 그분은 충분히 넘치도록 그렇게 하실 수 있는 분이다. 우리가 그 일을 누구보다도 그분에게 맡겼으면 한다." 이 모든 진술들을 통해 보자면, 이제 막 믿기를 시작한 초심자인지 아니면 완숙하게 나이 든 신앙인인지에 따라 그리스도를 향한 사랑의 표현이 얼마나 다를 수 있는지 느껴지지 않습니까? 그렇지만 그 사랑은 언제나 동일한 것입니다. 심지어 죽음을 목전에 둔 하나님의 종조차도 "나사렛 예수님이여, 제가 당신을 완전히 깨달았습니다"라고 말할 수 없을 것입니다. 그보다도 죽음은 그가 믿었던 일을 실제로 보게 되는 일로 넘어가는 길목이 될 것이기에, 그 완숙함 속에서 그는 다시 한번 대림절(Advent)의 사람, 즉 기다리며 바라보는 사람이 될 것입니다. 그리하여 다시 한번, 그의 모든 탐구는 그 삶의 중심을 차지해 왔던 그분과의 또 하나의 새로운, 또 다른 친밀함에 의해 다시금 압도될 것입니다. 이제 우리는 교리문답서와 성경이 어째서 고갈되지 않고 끝이 없는지, 그리고 우리가 어째서 오직 그 안에서만 깊어짐으로써 성장할 수 있는지 이해하게 될 것입니다.

하나님과 함께하는 우리 인생

이제 루터의 교리문답의 구조를 살펴보겠습니다. 이에 대해 곰곰이 생각해 보면 놀라운 사실을 발견하게 됩니다. 즉, 우리 기억 속에 무미건조하게 남아 있는 내용들이 사실 매우 극적인 대화였다는 것입니다. 이 대화를 엿들어 봅시다.

먼저 각각의 장을 훑어보겠습니다. 서두의 십계명에 뒤이어 사도신경이 따라 나옵니다. "나는 창조주 하나님을 믿습니다. 나는 예수 그리스도를 믿습니다. 나는 성령을 믿습니다."

교리문답은 주기도문 및 세례와 성만찬을 제시하고 해

설하면서 끝맺어집니다.

　이는 마치 교리문답이 성경 안에서, 그리고 교회사 안에서 가장 주요했던 소재들을 짚어 내고 있는 것처럼 보입니다. 그러나 자세히 들여다보면, 교리문답의 구조는 매우 예술적이고 섬세하며, 참으로 매혹적이고 이목을 사로잡을 뿐 아니라, 하나님과 함께하는 우리 인생을 본 뜬 것임을 알게 됩니다. 하나님과 함께하는 우리 인생은 매우 역동적이기에 교리문답 역시 참으로 극적인 구조를 가지고 있는 셈입니다.

하나님과 사람 사이에 놓인 상황

모든 좋은 연극은 소위 '배경 설명'으로 시작합니다. 즉, 사건이 어떤 상황에서 전개될지를 알려 주는 것입니다. 등장인물들이 소개되고, 이들이 당면한 역사적·개인적 환경이 묘사됩니다. 교리문답도 마찬가지입니다. 계명은 그런 배경 장면을 제공하는 역할을 합니다. 계명은 인생의 지형을 비추어 주고 사람과 하나님의 관계를 명료하게 해 줍니다.

앞서 하나님의 율법, 곧 계명은 내가 해야 할 일을 보여 줄 뿐 아니라, 무엇보다도 내가 누구이고 무엇인지 알려 주는 역할을 한다고 언급한 바 있습니다. 내가 그 계명을 지킬 수 없다는 사실이 명확해짐으로써 내가 누구이고 무엇인지가 분명하게 드러납니다. 이런 점에서 계명은 나 자신의 초상을 비춰주는 거울과도 같습니다. 계명은 내가 누구인지, 그리고 무엇보다도 그것이 현재와 미래의 나 자신에 관한 것임을 확실하게 보여 줍니다.

여기서 교리문답과 연극 사이의 유일하고도 근본적인 차이가 드러납니다. 연극 속에서 나는 관객석에 앉아 있습니다. 나는 무대 위에 있는 주인공에게 공감하면서, 나 역시 그가 휘말린 비극적인 사건에 언젠가 빠져들 수 있고, 죄책과 운명이 뒤엉켜 내게 재앙으로 다가올 수 있음을 느낍니다. 나 역시도 그렇게 …!

그러나 극장을 떠나 집에 돌아갈 때면, 몇 시간 동안 '다채로운 자취'를 가진 인생을 경험했다 하더라도, 나는 내 삶의 터전으로 돌아가 그 삶을 여전히 계속 살아갑니다. 바로 다음 날이면, 나는 작업실에, 연구실에, 사무실에 앉아, 어제 저녁 잠시 몰입했던 세상이 현실과 얼마나 다른지 불현듯 떠올리며 놀랄지도 모르겠습니다. 이는 사람들이 자신의 삶을 잠깐이라도 잊기 위해 극장을 찾는다는 사실에서 드러납니다. 그들은 자기 자신의 삶이 무대에서 공연되는 삶과 서로 다르다고, 그리고 저들이 두 개의 다른 세상에서 살고 있다고 느낍니다.

하지만 교리문답이라는 연극은 근본적으로 다릅니다. 그 연극의 막이 오를 때, 나는 관객으로 객석에 앉아 있는 것이 아니라, 배우로 무대에 서게 됩니다. 나는 나 자신의 삶을 관조합니다. 하나님이 율법을 통해 내가 누구인지 말씀하실 때, 다시 말해 내가 인생의 주님이신 분과 내적으로 불화하고 있고, 이런 상태로는 계속 살아갈 수 없으며, 아버지의 보살핌을 떠나 아주 낯선 곳에 와 있다는 사실을 말씀하실 때, 나는 "맞습니다. 그렇습니다"라고 대답해야 합니다.

이를 인지했다면, 나는 관객들이 하듯이 집으로 돌아가서는 안 되고, 내 본연의 삶으로 되돌아가서도 안 됩니다. 내가 방금 본 것은 바로 나 자신의 삶이기 때문입니다. 하나님이 비추시는 핀 조명 아래서 자신을 본 사람이라면 누구나 그 연극을 계속 이어가야 합니다. 더 이상 물러서서는 안 됩니다. 하나님은 율법을 통해 심연의 저편에서 나를 부르고 계십니다. "사람아, 네가 어디 있느냐?" 이제 우리는 대답해야 합니다.

심연의 저편에서 뻗은 손

제2막의 시작을 알리며 막이 올라갑니다.

고대 교부들의 사도 신경에는 세 가지 중대한 개념이 포함되어 있습니다. ⑴ 창조주 하나님, ⑵ '예수 그리스도'라는 드라마, ⑶ 최후의 심판 때와 죽은 자의 부활을 마주할 때까지 성령의 보호 아래 지속되는 교회 역사, 이 세 가지가 그것입니다.

우리는 제2막이 어떤 위치에 있는지 알고 있습니다. 이를 간단히 설명하면서, 1519년에 있었던 루터의 가르침을 참조해 보려 합니다. 제1막에서는 내가 누구이고 무엇이 내게 부족한지 보여 준 후, 제2막에서는 내가 어디에서 도움을 받을 수 있는지 제시합니다.

이 도움은 바로 하나님으로부터 친히 옵니다. 그분이 나의 형제, 주 예수 그리스도를 통해 나를 찾아오시고 그분의 집으로 인도하십니다. 예수 그리스도는 교리문답 제1막에서 내 인생의 무대를 지배한 심연의 저편에서 뻗어진 손길이십니다. 하지만 드라마의 제2막에서 그분은 나의 신앙 고백의 중심에 서 계십니다.

그런데 그때 다음과 같은 의문이 스쳐지나갑니다. '어떻게 저 손길을 부여잡을 수 있으며, 어떻게 이 심연을 건너갈 수 있을까?' 지형 자체는 이제 이미 충분히 드러났습니다. 하나님의 광명체가 그 위에 임해, 대낮처럼 밝게 비추고 있기 때문입니다. 그 빛 속에서 나는 "음침한 골짜기"(시편 23편)를 분명히 보고, 동시에 "나에게 도움을 주는 산"(시편 121편)을 또렷하게 알아봅니다. 그런데 어떻게 거기에 이를 수 있을까요? 제3막과 제4막, 곧 주기도문과 성례를 다루는 곳에서 그 답을 찾을 수 있습니다.

하나님과의 대화

먼저, 주기도문을 살펴봅시다. 여기서 내가 말하고자 하는 바는 바로 이것입니다. 즉, 하나님이 말씀하신 후에야 비로소 내가 그분과 말할 수 있다는 것입니다. 그분이 심판과 은혜로, 비와 무지개로 말씀하신 후에야, 비로소 나는 내 편에서 이렇게 말할 수 있습니다. "우리 아버지, 나의 아버지!" 나는 이 아버지와 가장 큰 일에 대해, 가장 작은 일에 대해, 마치 사람이 실제 아버지와 나누듯이 그리고 나눌 수 있듯이 이야기할 수 있습니다. 아버지와 이야기할 때에는 거창한 것에 대해 말하지 않고, 아주 작은 필요에 대해서만 목소리를 내도 됩니다. 주기도문 그 자체에 내포된 방대한 범위의 청원들이 이를 가르쳐 줍니다. 하나님 나라의 도래를 위한 기도, 곧 가장 위대하고 전적으로 우주적인 것을 위한 기도에서부터, 일용할 양식을 위한 기도, 곧 아주 작은 먼지이자 원자에 불과한 나에게 필요한 오늘의 한끼 식사에 이르기까지 말입니다.

공동체의 표징

마지막으로 교리문답은 두 가지 성례, 즉 세례와 성만찬으로 끝맺어집니다. 하나님은 인장, 날인, 눈에 보이는 표징의 역할을 두 성례에 두심으로써 내가 그분의 공동체에 받아들여지고 그분의 자녀—낯선 이에게 빼앗겼다가 다시 집으로 데려온 자녀—가 됐음을 확고히 알게 하십니다.

4막으로 구성된 교리문답이라는 연극의 내적인 흐름을 파악하기 위해서는 먼저 그 전체를 아우르는 시작과 끝, 곧 첫 번째 막의 '율법'에 관한 메시지와 마지막 막의 '성만찬' 거행을 이해해야 합니다. 그 흐름은 심연이 열리는 곳에서부터 시작하여, 모든 허상과 거짓된 확신이 파괴

되는 곳을 지나, 주님의 십자가가 세워지는 곳까지 이르는 길과 같습니다. 그리고 이 십자가는 심연 위에 놓인 도개교와 같습니다. 출발점은 심연이지만 도착점은 하나님의 평화입니다.

우리는 하나님을 경외하고 사랑해야 합니다

이제 우리는 루터의 해설을 곁들여 율법에 관한 메시지, 십계명을 읽으려 하는데, 이때 박물관의 전시물을 보듯 그 두 돌판을 바라보거나, 고대 조상의 소리를 듣듯 그 명령을 들어서는 안 되고, 도리어 거기에 우리 삶의 면면이 펼쳐져 있음을 분명히 해야 합니다.

첫 번째 계명은 이렇습니다. "네 하나님 여호와니라. 너는 나 외에는 다른 신들을 네게 두지 말라."

이것이 무슨 뜻입니까? 우리는 하나님을 다른 어떤 것보다도 경외하고 사랑하며 신뢰해야 한다는 뜻입니다.

둘째 계명은 이렇습니다. "너는 네 하나님 여호와의 이름을 망령되게 부르지 말라"(계명의 순서를 나열하는 방식은 기독교 전통마다 다릅니다. 흔히 이 명령을 셋째 계명으로 분류하기도 합니다―역주).

이것이 무슨 뜻입니까? 우리는 하나님을 경외하고 사랑하여, 그분의 이름으로 저주하거나 맹세하거나 주술을 행하거나 거짓말하거나 속여서는 안 되고, 모든 고난 가운데서 그분을 찾고 기도하며 찬양하고 감사해야 한다는 뜻입니다.

셋째 계명은 이렇습니다. "안식일을 기억하여 거룩하게 지키라."

이것이 무슨 뜻입니까? 우리는 하나님을 경외하고 사랑하여, 설교와 그분의 말씀을 무시해서는 안 되고, 그것들을 거룩하게 여기며 즐거이 듣고 배워야 한다는 뜻입니다.

네 번째 계명은 이렇습니다. "네 부모를 공경하라. 그리하면 네 하나님 여호와가 네게 준 땅에서 네 생명이 길리라."

이것이 무슨 뜻입니까? 우리는 하나님을 경외하고 사랑하여, 부모와 어른을 무시하거나 노하게 해서는 안 되고, 그들을 공경하고 섬기며 순종하고 사랑하며 소중히 여겨야 한다는 뜻입니다.

다섯 번째 계명은 이렇습니다. "살인하지 말라."

이것이 무슨 뜻입니까? 우리는 하나님을 경외하고 사랑하여, 이웃의 육신에 해를 끼치거나 고통을 주게 해서는 안 되고, 그들의 모든 육신의 필요를 돕고 지원해야 한다는 뜻입니다.

여섯 번째 계명은 이렇습니다. "간음하지 말라."

이것이 무슨 뜻입니까? 우리는 하나님을 경외하고 사랑하여, 말과 행동에서 순결하고 정숙하게 살며, 각자 자신의 배우자를 사랑하고 존중해야 한다는 뜻입니다.

일곱 번째 계명은 이렇습니다. "도둑질하지 말라."

이것이 무슨 뜻입니까? "우리는 하나님을 경외하고 사랑하여, 이웃의 돈이나 재산을 빼앗거나 가짜 물건을 거래하여 속여서는 안 되고, 이웃의 재산과 양식을 보호하고 더 나아질 수 있도록 도와야 한다는 뜻입니다.

여덟 번째 계명은 이렇습니다. "네 이웃에 대하여 거짓 증거하지 말라."

이것이 무슨 뜻입니까? 우리는 하나님을 경외하고 사랑하여, 이웃을 거짓으로 속이거나 배신하거나 중상하거나 험담해서는 안 되고, 이웃을 용서하고 좋은 점을 말하며 모든 것에 있어서 최선을 다해 돌보아야 한다는 뜻입니다.

아홉 번째 계명은 이렇습니다. "네 이웃의 집을 탐내지 말라."

이것이 무슨 뜻입니까? 우리는 하나님을 경외하고 사랑하여, 이웃의 유업이나 집을 노리거나, 겉으로 권리를 내세워 빼앗아서는 안 되고, 그들이 그것들을 계속 소유할 수 있도록 섬기며 도와야 한다는 뜻입니다.

열 번째 계명은 이렇습니다. "네 이웃의 아내나 그의 남종이나 그의 여종이나 그의 소나 그의 나귀나 무릇 네 이웃의 소유를 탐내지 말라."

이것이 무슨 뜻일까요? 우리는 하나님을 경외하고 사랑하여, 이웃의 아내를 유혹하거나 종을 빼앗거나 가축을 강탈해서는 안 되고, 그들이 그 자리에 머물러 마땅히 해야 할 바를 하도록 독려해야 한다는 뜻입니다.

핵심 전략

우리 가운데 이 열 번의 "너는 …해야 한다"라는 명령이 주는 울림을 피할 수 있는 사람은 거의 없을 것입니다.

이 명령들은 정말, 사람들 사이의 순조로운 공존을 보장해 주는 실천적 삶의 규칙일까요? 예를 들어, '반대편에서 오는 차와 충돌하지 않도록 오른쪽 길로 운전해야 한다!'라는 교통 규칙과 같은 것일까요?

그러면 계속 질문해 보겠습니다. 이것들은 정말, 도덕적 삶의 규범일 뿐일까요? 계명 속에 도덕주의의 흔적이 보존된 것일 뿐인가요? 예컨대, "올바른 일을 하라! 그리고 아무도 두려워하지 말라!" 또는 "차가운 무덤에 들어갈 때까지 항상 충성과 정직을 실천하라!"라는 문장에 비견될 만한 계명일까요? 저것들이 근본적으로 다른 무언가에 관한 것임을 인지하려면, 약간의 순수한 직관만 있으면 됩니다.

루터는 단조롭게 반복되는 엄숙한 어구를 통해 그 구별점을 포착했습니다. "우리는 하나님을 경외하고 사랑해야 합니다." 이는 우리가 아주 단순히 그리고 오로지 하나님과 관련되어 있음을 뜻합니다. 따라서 첫 번째 계명은 경고 표지판과 같습니다. "주의하며 멈추십시오. 이 계명들은 '합리적인 판단'이나 '양심'의 목소리에 귀 기울이는 것과는 관련이 없습니다. 그렇습니다. 살아 계시며 모든 것을 소멸하시는 지존자 그분이 직접 말씀하고 계십니다." 이것이 바로 계명의 전체 지형을 조망하고 이해하기 위해 우리가 지녀야 할 중요한 핵심 전략입니다.

이 핵심 전략을 더욱 정확하게 파악해 봅시다. 하나님에 대한 질문을 어떻게 다룰 것인지, 또는 어떤 대답을 기대하는지에 대한 질문으로 시작하겠습니다.

하나님에 대한 질문이 제기될 때, 우리는 아마도 먼저 하나님의 속성, 즉 그분이 전능하시다는 것, 그분이 운명의 신이시라는 것, 모든 것이 그분으로부터 비롯됐다는 것, 그분이 정의롭다는 것, 그분이 전지하시며 무소부재하시다는 것 등의 대답을 기대할 것입니다. 우리는 무엇보다도 먼저 하나님에 대한 어떤 증명서를 기대합니다. '고유한 특성'이라는 항목, 맨 끝에서는 이렇게 말할 수 있을 것입니다. "하나님은 순종을 요구하시고 사람들을 사랑하신다."

그렇게 시작하는 길밖에 없을까요?

하지만 교리문답이 통상 왜 그렇게 시작하지 않는지 우리는 이미 짐작하고 있을 것입니다. 일반적으로 섭리, 전능, 운명을 거론하면 매우 경건하게 들릴 수는 있겠지만, 이는 우리의 의무와 아무 관련이 없습니다. 하나님에 대해 일반적으로 알고 있는 바를 말해 보십시오. 그러면 나는 하나님이 여러분과 얼마나 상관없는 분인지를 말해드리겠습니다. 하나님이 저 별이 빛나는 하늘보다 얼마나 높은 분인지 말해 보십시오. 그러면 나는 여러분이 하나님을 얼마나 막 대하고 있는지, 그리고 얼마나 자기만의 방식으로 마음대로 대하려 하는지 말해드리겠습니다. 나는 지렁이 같은 우리 존재에 대해서는 전혀 관심이 없으신 '숭고한 하나님'에 대해 그토록 북적거리며 이야기하는 모든 사람에 대해 지울 수 없는 의심을 품고 있습니다. 그런 식의 겸손함은 의심스

럽습니다. 그런 식의 겸손함을 가진 사람들은 대개 하나님이 우리 개인의 삶보다 높은 곳에 계시며, 우리의 모든 비밀스러운 영역을 초월해 계시다고 생각하기 때문입니다.

그러나 율법은 내게 말합니다. "그것은 너의 삶과 관련된 것이다." 만약 이 말을 듣지 못한다면, 우리가 이 지형 위에서 홀로 길을 찾을 수 있게 도와 주는 나침반을 잃게 되는 셈입니다. 하나님은 우리 인생 속에서 실제 존재가 되기를 원하십니다. 그분은 "너는 …을 해야 한다"라고 말씀하심으로써 이를 분명하게 하십니다. 그렇게 하심으로써 우리 개인에게 아주 가까이 다가오십니다. 우리에게 어떤 일이 주어졌을 때, 곧 "…을 해야 한다"라는 명령 앞에 설 때만큼 우리를 뒤흔들고 우리에게 직접 영향을 미치는 것은 없기 때문입니다.

그래서 교리문답은 하나님이 우리에게 주신 일로 시작합니다. 이는 매우 실천적이고 현실적이며 비종교적인 일입니다. 하지만 이것은 보통이 아닌 일입니다! 이제 우리는 인생 가운데 계신 하나님을 잠잠히 붙잡아야 합니다. 아니, 정확히 말하자면, 이제 우리는 그 인생을 특별한 방식으로 살아 내야 합니다.

하나님 앞에 선 개인/인격

우리 인간은 항상 죄책감을 떠넘기려 애씁니다. 우리는 보통 이렇게 말함으로써 그렇게 합니다. "나는 잘못을 유발한 자가 전혀 아닙니다. 나 자신은 그저 희생자일 뿐입니다." 이러한 태도의 예는 얼마든지 있습니다. 예컨대, 유전학이 세계관의 영역으로 확장될 경우 그런 경우들이 발생하곤 합니다. 유전학은 내가 단지 유전, 상황, 환경의 산물일 뿐임을 분명하게 알려 주기 때문입니다. 나는 내 속에 흐르는 유전자의 결과인 셈입니다. 그러나 신앙의 빛을 비추지 않더라도 우리는 합리적인 판단을 통해 무언가가 여기서 잘못되었음을 감지할 수 있습니다. 예를 들어, 내가 도둑을 현장에서 잡아 "어째서 남의 물건을 훔치려는 겁니까?"라고 꾸짖으며 책임을 물을 때, 그 도둑은 "내 아버지도 예전에 이런 방식으로 생계를 유지하셨어요!"라고 반박하기 어려울 것입니다.

현대 세계관 운동 또한 우리에게 중요한 통찰을 전해 줍니다. 거기서 개인으로서, 자기 책임감 있는 인격체로서의 인간은 완전히 삭제됩니다. 집단 속에서 개인을 두드러지게 만들어 줄 만한 신념은 기대되지 않습니다. 사람은 단지 선전과 광고의 결과일 뿐입니다. 이 사람은 늑대들처럼 무리 속에서 함께 울부짖어야 하지, 홀로 조류를 거슬러 헤엄치려 해서는 안 됩니다. 그는 말하자면 인격을 잃은 채, 무책임한 집단의 구성원이 되어, '불특정한 어떤 인간'(man)이 되어 살아갑니다.

이러한 인격을 잃은, 집단 속 인간과 극명한 대조를 보이는 양상은 루터가 보름스 의회에서 온 세상, 즉 16세기의 '불특정한 어떤 인간'과 상대하는 모습을 보면 더욱 분명해집니다. 그는 나중에 "그때 나는 교회였다"라고 말했는데, 이로써 자신이 사람들을 따라 살지도 않았고, 단순히 집단 의지 또는 더 정확히 말하자면 집단 본능의 구성원도 아님을 의미했습니다. 그보다도 그는 자신이 하나님의 부름을 받은 자로서 온 세상과 그 군주들을 상대할 '개인'(Person)으로서 임명받았음을 깨달았습니다.

여기에서 중요한 결론에 도달합니다.

나는 하나님의 계명을 마주할 때, 하나님에게 사로잡히게 됩니다. "내가 너를 네 이름으로 불렀고, 너는 내 것이다!" 바로 이때, 내 인생에 무한한 의미가 스며듭니다. 이제 나는 더 이상 유전, 혈통 안에 숨을 수 없습니다. 하나님 앞에서 나는 염색체, 세포, 그리고 내분비선에서 나오는 호르몬이 아닙니다. 나는 그분을 위한 하나의 인격(Person)입니다.

나는 더 이상 나 자신을 집단 속에서 또는 시대정신 속에서 사라지게 할 수 없습니다. 그렇습니다. 나는 자신에게 "나"라고 말해야 합니다. 하나님 앞에서 그렇게 해야 합니다. 이는 엄청난 사건입니다. 다음의 예가 이를 분명하게 해 줄 것입니다.

잘 알려진 바와 같이, 어린아이는 말을 할 때 처음에는 자신을 3인칭으로 가리킵니다. "길동이가 꿀을 먹었어!" 처음에 '길동이'는 다른 많은 사물 중 하나로, 흔들 목마나 어떤 상점과 다를 바가 없습니다. 그러다가 처음으로 자신을 "나"라고 지칭한 때는 대단히 놀라운 순간이라 할 수 있습니다. 이때 비로소 처음으로 작은 '개인/인격'이 된 것입니다. 저 말은 "길동이가 꿀을 먹었어!"라고 말한 것과는 전혀 다릅니다. 이때 '길동이'는 단지 혀, 입천장, 먹기를 바라는 작은 입으로 이루어진, 식욕을 가진 몸뚱어리라는 것만을 의미하기 때문입니다. 그렇다고 어떤 달콤한 음식을 먹으려 하는 것에 대해 씹고 맛보고 냄새 맡는 기관을 탓해서는 안 됩니다. 이는 선과 악을 넘어서는 생리적이고 화학적인 과정이기 때문입니다. 그때 길동이에게는 전혀 잘못이 없습니다. 그는 식욕을 가진 몸뚱어리일 뿐이기 때문입니다. 하지만 그가 "내가 꿀을 먹었어"라고 말할 때, 그는 비록 어리더라도 책임감 있는 존재가 됩니다.

마음속에 있는 가장 강력한 권세를 조심하라

하나님의 계명을 마주하여 나는 완전히 새로운 방식으로 "나"라고 말하는 법을 배우고, 내 삶의 모든 잘못과 그 밖에 모든 실질적인 성취까지도 책임지고자 하는 책임감 있는 사람으로서, 자신을 완전히 새로운 방식으로 이해하게 됩니다. 하나님의 계명은 우리를 현대인, 집단 속 인간, 단순한 생물학적 유전이라는 길동이의 존재로부터 구해 냅니다.

하나님의 계명은 우리가 진정으로 누구인지, 곧 부름 받은 자와 책임감 있는 자로 인지하도록 가르쳐 줍니다. 또한 계명은 예수님이 우리에게 말씀하신 바로 그것을 증거

합니다. 우리 안에는 우리의 믿음을, 우리의 사랑을, 우리의 신뢰를 끊임없이 억누르려는 무언가가 있습니다. 우리는 하나님을 최고로 경외하거나 사랑하거나 신뢰하지 않는 사람이기에, 우리의 믿음이 있어야 할 곳에 다른 것들을 밀어 넣어 그 빈자리를 채웁니다. 이런 위험한 무질서와 뒤틀린 가치관에서부터 결국 모든 죄가 생겨납니다. 우리가 하나님을 통치자의 자리로부터 밀어내고 어떤 다른 것, 예를 들어 소유, 사랑, 사람 우상화 또는 사람 경외, 자기 숭배, 자만, 내일에 대한 두려움, 심지어 성적 충동 등으로 마음을 채우게 되면, 말하자면 그런 권세들 중 하나를 하나님이 좌정하셔야 할 마음속 자리에 대신 앉히게 되면, 그 권세는 한 걸음 더 나아가 우리의 욕망을 채워 주기 위해 거짓말과 중상모략까지 서슴지 않게 되며, 이웃이 우리의 출세나 야망에 방해가 된다고 느끼는 순간 그 이웃을 거짓 증언으로 모함하고 속임과 험담으로 제거하고자 일을 꾸미기에 이르게 됩니다.

그래서 예수님은 '마음속에 있는 가장 강력한 권세를 조심해야 한다'는 사실을 반복해서 분명하게 가르치셨습니다. 그런 마음속 권세는 가장 위험한 것입니다. 눈 깜짝

할 새 폭발하여 하나님과 우리 사이의 아버지-자녀 관계를 송두리째 흔들어 버릴 수도 있습니다. 마음속의 가장 강력한 권세를 조심하십시오! 그 존재를 인지하도록 애쓰십시오. 모든 사람은 가장 강력한 권세, 즉 예수님이 주의하라고 가르치신 그 '마음의 보물'을 가지고 있습니다. 사람들은 거기에 매달려 그것을 얻기 위해 모든 희생을 감내하고 기꺼이 모든 것을 팝니다. 이 보물은 마음이 움직이는 중심축을 형성합니다. 이는 단순한 원리입니다. 모든 사람은 보물을 가지고 있고, 모든 사람은 중심축을 가지고 있으며, 모든 사람은 가장 강력한 힘을 가지고 있습니다. 간음한 사람의 경우 그 보물은 성적 충동일 것입니다. 여러분의 경우에는 그 보물이 다른 무언가일 수도 있겠지만, 그 무언가를 가지고 있는 것은 분명합니다!

그런데 루터는 계명을 다음과 같이 해석하지 않았습니다. '당신 안에 잠복해 있는 모든 것을 억누르라. 그것을 밖으로 내보내서는 안 된다. 당신 안에 잠재되어 있던 악한 에너지가 결국 행동으로 분출되어 그 악함이 드러나지 않도록 막아야 한다.' 그보다도 오히려 그는 단조롭고도 장엄하게 이렇게 말합니다. "우리는 하나님을 경외하고 사랑하어, 그런 일을 하지 않도록 해야 한다." 다시 말해, 우리는 주님과의 교제를 위해 기도해야 합니다. 주님의 보살핌 아래서 우리는 다른 주인들에 대해, 본능의 노예 됨에 대해 보호받습니다. 모든 것은 이 경외와 사랑을 중심으로 움직이고, 모든 것은 하나님과의 그런 교제를 중심으로 움직입니다. 그 밖의 다른 모든 것은 그저 우스꽝스럽고 쓸모없는 도덕이라는 명분의 반창고에 불과하며, 이후에 마음이 격앙되어 폭발하게 되면 쓸려 떨어져 나가게 될 뿐입니다. 오로지 한 가지, 곧 우리가 이 주님의 보살핌과 교제 안에 있다는 것, 우리가 경외와 사랑을 가지고 그분에게 꿇어 엎드린다는 것, 이 사실만이 우리에게 견고한 요새가 되고, 진실된 천국을 허락하며, 지옥과 사탄에 맞서 싸울 수 있게 해 줍니다.

세상의 황혼과 하나님에 대한 사랑

지금 우리는 우리가 항시, 거듭 하나님 편에 서 있지 않고 그분의 뜻대로 살지 않는다는 사실, 또한 하나님이 인간, 곧 여러분과 나를 모두 사랑하시지만, 너무나 사랑하셔서 우리 내면의 가장 깊은 곳까지, 남김 없이 꿰뚫어 보신다는 사실, 그리고 그분이 우리의 흠을 못 본 체하시는 것이 아니라, 그런 흠이 있음에도 여전히 우리를 사랑하신다는 엄청난 사실에 직면해 있습니다.

예수 그리스도는 초인의 존재의 영역으로 오시지 않고, 오히려 가장 낮은 곳, 결핍의 장소, 죄인의 처소로 내려오셔서, 저들의 죄책을 스스로 짊어지셨고, 가장 비참한 인간의 고난을 몸소 겪으셨습니다. 이것이 바로 예수 그리스도의 위대함입니다. 바로 여기에서, 오직 여기에서만 하나님을 만날 수 있습니다. 참으로, 이 사랑은 하나님이 우리를 미화해야만 가능한 사랑이 아니라, 오히려 '그렇게 하시지 않고도' 우리에게 혼신을 다하는 사랑입니다. 아버지의 사랑처럼, 우리를 아심에도 '불구하고' 우리에게 혼신을 다하는 사랑입니다. 누가 그렇게 깨끗한 손으로, 그리고 꽉찬 손으로 그분에게 다가갈 수 있겠습니까? 있는 그대로의 우리를 초청하는 성만찬은 바로 그 사랑을 가르쳐 줍니다. 그리스도 역시 마찬가지입니다. 보십시오. 그분은 얼마나 위대하십니까! 그분은 하나님의 사람이시며 동시에 우리 존재 깊은 곳에 우리와 함께 계십니다. 여기에는 인류를 향한 사랑 그 이상의 것이 있으며, 여기에는 기적이 있습니다. 그러므로 그리스도의 사람으로서 우리는 세상을 경멸해서도, 세상을 사랑해서도 안 되며, 세상을 피해서도, 세상에 집착해서도 안 됩니다. 우리는 이 어두운 세상조차도 하나님의 창조의 손을 거쳤다는 것을 알고 있습니다. 그러나 동시에 우리는 이 창조주의 선물들이 그분과 관계없이, 그분을 대항하는 데 사용된다는 사실을 알고 있습니다. 예컨대, 창조의 선물 곧 이성은 우리를 "어떤 동물보다도 더욱 야수답게" 만드는 데 사용되고, 기술(즉, 세상을 지배하는 창조의 선물)은 혼돈을 조성하는 데 사용되어, 결국은 멸망의 기로에 놓인 세상과 문명의 허울을 무너뜨리게 합니다. 이는 세상이 창조주의 방법을 가지고 자기 심판, 그 세상에 대한 끔찍한 심판을 행하는 것과 같습니다.

이것이 우리 세상에 임한 황혼(Zwielicht: 어원을 따지면 "두 개의 빛"—역주)입니다. 곧, 하나님에게서 오는 위의 빛과 악마에게서 오는 아래의 빛이라고도 할 수 있습니다. 그리고 우리는 그런 시각에서 루터가 이 세상을 묘사한 방식을 이해하게 됩니다. "전쟁터"로 묘사한 세상 말입니다. 이는 "인간이 역사를 만들어 가는" 전쟁이 아니라, 인류를 둘러싸고 벌어지는 전쟁이며 실제로 하나님과 사탄이 참여한 전쟁이자 인간의 무기로는 아무것도 이룰 수 없는 전쟁입니다. 이에 대해 바울은 "우리의 씨름은 혈과 육을 상대하는 것이 아니요, 통치자들과 권세들과 이 어둠의 세상 주관자들과 하늘에 있는 악의 영들을 상대함이라"(엡 6:12)라는 심오한 진술을 기록했습니다. 사람은 이러한 전쟁터에 서 있습니다. 그러므로 종국에 우리가 성경에서 배워야 할 바는 인간 군상의 용맹함이 아니라, "우리를 시험에 들게 하지 마시옵고 다만 악에서 구하시옵소서!"라는 기도입니다. 사람이 할 수 있는 마지막이자 유일한 행동은 이 세상의 싸움에서 이길 수 있는 주인을 선택하는 것입니다. 이는 신들과 악마들에 관한 문제이기 때문에, 그들 위에 계신 주님만이 이 싸움에서 승리하실 수 있습니다. 이 주님이 우리를 불러 그분을 따르게 하셨습니다.

하나님의 절대적인 통치권

우리가 하나님의 십계명을 오랫동안 곱씹다 보면, 놀랍게도 온 세상의 근본 법칙이 그 안에 들어 있음을 목도하게 됩니다. 우리 모두는 십계명이 '항상 충실하고 정직하게 살라'라는 주제를 변형한 것이라고 막연히 생각하며 살아갑니다. 우리 모두는 십계명이 매우 실용적이고 구체적인 규칙들을 통해 우리의 도덕적 삶을 온전하게 유지하는 역할을 한다고 생각하고 있습니다. 그러나 이제 우리는 생각을 완전히 달리해야 합니다. 즉, 이 계명들은 오로지 온 세계에 대한 하나님의 절대적인 통치권을 선포하고 있을 뿐입니다.

역사의 결정적인 요소

그 계명들이 온 세계에 대한 하나님의 절대적인 통치권을 선포한다는 점에서 두 가지 중요한 결과가 도출됩니다.

첫째, 하나님은 우리 삶의 현실이라는 사실입니다. 하나님은 역사 속에서 그 자체로 결정적인 요소입니다. 만약 온 세계, 가령 서구가 하나님의 존재에 대한 질문을 짓밟는다면, 그 세계는 멸망하게 될 것입니다. 하나님 없는 백성은 죽은 것과 같습니다. 이는 사람이 그분 없이는 살 수 없기 때문입니다. 그리고 이것이 믿겨지지 않는다면, 우리는 하나님을 잃어버린 서구의 역사가 끝내 어떻게 될지 지켜보아야 합니다. 그때 하나님의 영향이 실제로 이 세상에 드러나겠지만, 신뢰의 관계는 무너지고 인간상에 대한 존중은 깨진 상태가 되어 있을 것입니다. 인간 존재에게서 더 이상 어떤 의미도 발견할 수 없을 것입니다. 오늘날 우리는 이를 목도합니다. 인간은 어떤 의미인 것일까요? 그리고 이런 무가치의 이유는 무엇일까요? 하나님이라는 역사의 요소가 우리 세기의 지평에서 사라졌기 때문은 아닐까요? 니체(Nietzsche)가 말한 대로, 이제 야생 늑대들의 울음소리가 들리는 지하 창고의 문이 열리고 맹수들이 온 집 안을 가득 채우게 됩니다. 자기 파괴적인 본능이 더 이상 통제되지 않은 채 벽을 허물고 하나님이 존재하시지 않는 문명을 받아들이게 됩니다. 이것이 바로 우리가 인식해야 하는 시각입니다. 역사 속에서 그 자체로 결정적인 요소는 하나님입니다. 가장 강력한 군대도, 자원의 풍성함도, 가장 탁월한 정치적 재능도 아닙니다.

우리 모두는 지금 이 거대한 살육 도구들 앞에 무력하게 서 있으며, 그것들이 모두 기술이라는 어미가 낳은 자식들이라는 것에 놀라고 있지 않습니까? 이 어미는 기쁨으로 아이들을 낳을 수 없고 오히려 그들을 그저 죽이고 잡아 먹을 뿐입니다. 어쨌거나 한 가지 사실은 확실합니다.

하나님은 우리 내면의 여러 요소들 중 하나가 아니십니다. 만일 그렇다면, 오늘날 세상이 화염에 휩싸여 있는 이때에 우리 인간은 그 작은 내면의 한 요소쯤은 기꺼이 포기할 수 있을 것입니다. 그러나 우리는 이미 보았습니다. 세상이 화염에 휩싸이게 된 것은 우리가 하나님을 (내면의 한 요소로 여기고) 포기했기 때문이라는 사실을 말입니다. 그러나 우주 저 위에 계신 하나님은 세상을 향해 주먹을 뻗으셨습니다. 이 주먹을 보지 못하는 자에게 화가 있을 것입니다!

하나님의 통치를 위한 첫 번째 발판

두 번째 결과는 이렇습니다. 하나님의 질서 세계, 곧 세상에 대한 참된 통치가 드러날 수 있도록 우리가 할 수 있는 유일한 방법은 우리의 '내면'을 그분에게 여는 것입니다. 즉, "하나님이 저 바깥 세상을 다스리신다"라고 말하는 것이 아니라, 우리 개개인에게 말씀하시고 요구하신다는 것을 알아야 합니다. 이는 삶의 다른 영역에서도 마찬가지입니다. 하나님은 세계 역사를 다스리시지만, 그분은 이를 위해 여러분과 나를 부르시고 또한 질문을 던지십니다. **여기서** 바로 그분의 통치가 시작됩니다. 그렇기 때문에 예수 그리스도는 하늘의 구름이나 은하수 속 한 구역에서 세상을 다스리시기보다, 오히려 이 땅에 오셔서 개개인, 즉 여러분과 내 안에 머무시며, 우리를 바라보십니다. 그분은 여러분과 나의 마음이 그분의 세계 통치를 위한 첫 번째 발판이 되기를 원하십니다. 따라서 우리는 우주와 개개인에 대한 세계 통치가 하나님의 세계 통치라는 타원의 두 가지 초점이라는 사실을 알게 됩니다.

나는 끊임없이 되풀이되는 질문, "하나님이 어떻게 그런 일을 허용하실 수 있을까?"라는 질문을 던질 때마다 이 사실을 떠올립니다. '어떻게 세상을 이 혼돈과 잔혹함, 이 피와 눈물의 바다 가운데 내버려 두실 수 있단 말인가? 이것이 바로 이 질문들 뒤에 숨겨진 바, 하나님의 통치가 무너졌다는 표식은 아닐까? 땅 없는 왕들처럼, 하나님은 세상 없는 신이 되신 것은 아닐까? 하나님은 저 세상 너머로 떠나시고, 자신의 세상이 스스로 멸망하도록 내버려 두신 것은 아닐까?'

나는 이렇게 질문하고, 진술하는 모든 사람(나도 그들 중 하나입니다)에게 다시 한번 반문하고 싶습니다. "그렇다면 당신은 자신을 하나님의 통치에 첫 번째 발판으로서 내어 놓았습니까? 그분이 그 통치를 당신에게서 시작하시지 않는다면 어디에서 시작하시겠습니까?

신약성경은 세상에 대해 이런 방식으로 말합니다. 신약성경은 우리에게 일반적인 세계관이나 세상과 사람에 대한 어떤 가르침을 제시하지 않습니다. 그보다도 성경이 세상에 대해(그리고 예술에서 경제에 이르기까지 모든 삶의 영역에 대해) 말하는 모든 것은 항상 인간 개인에게 직접 다가옵니다. 마치 총구를 겨누고 "**네 곁에** 하나님이 어디 있느냐? 너는 하나님에게 마음을 열고 네 자신을 바칠 준비가 되어 있느냐?"라고 묻듯이 말입니다. 이렇게 신약성경은 일반적인 이념이나 세상의 이론을 제시하기보다, 개인을 부르시며 말씀하십니다. "하나님 나라의 발판이 되어야 할 사람은 바로 너다." 따라서 우리는 "하나님이 어떻게 그런 일을 허용하실 수 있을까?"라는 앞서 했던 질문을 다시 표현해야 합니다. 우리가 살고 있는 오늘날 세상 질서의 비밀은 과연 하나님의 '실패'에 놓여 있는 것일까요? 아니면, 그보다도 인간 '자신의 실패'에 놓여 있는 것은 아닐까요? 성경의 첫 번째 책, 창세기 3장(아담과 하와의 타락 이야기)에서 우리에게 이야기해 준 세상 질서의 혼란이 이 세상에서 심화된 결과는 아닐까요? 따라서 "하나님이 어떻게 그런 일을 허용하실 수 있을까?"라는 질문에 모범 답안이 있는 것은 아닙니다. "이렇고 저렇고 해서, 하나님이 이 모든 혼란을 허용하셨다"라고 말할 수 없습니다. 그보다도 "하나님이 어떻게 그런 일을 허용하실 수 있을까?"라는 질문에 대한 대답은 '회개'에 있습니다. 하나님에 대한 모든 비난은 나 스스로를 비판하는 법을 배우는 순간, 곧 하나님이 이 세상에 그분의 나라를 위한 발판과 교두보를 마련하시는 일을 가로막는 자가 바로 나 자신이라는 것을 깨닫는 순간 그칩니다. 그리고 고발하듯이 하나님을 향해 치켜든 내 주먹은, 내 가슴을 치는 법을 배우게 되는 순간, 무력하게 가라앉습니다. 여러분이 하나님에 대해 얼마나 불만이 많은지 말해 주십시오. 그러면 여러분이 자기 자신을 얼마나 되돌아보지 않는지 말해드리겠습니다. 여러분이 하나님에 대해 얼마나 혼란스러워하는지 말해 주십시오. 그러면 당신이 자신에 대해 얼마나 확신에 가득 차 있는지 말해드리겠습니다. 우리에게 가해진 고통과 절망에 대해 보복만을 요구하고 속죄에 대해 말하지 않는 한, 우리 세상은 내면적으로 치유될 수 없습니다. 우리는 계명을 통해 이를 배웠습니다. 계명은 온 세상을 포괄하고 동시에 개인인 나 자신에게

도 해당됩니다.

물론, 우리가 그 부르심에 '개인적으로' 응답할지, 그리고 어떻게 그렇게 할 수 있는지에 대한 문제는 우리의 통제 안에 있지 않습니다. 그 대답은 실로 우리 마음대로 어떻게 할 수 없는, 자유롭고 주권적인 하나님의 은혜의 행위에 놓여 있습니다. 이러한 사실을 언급하지 않고서는 이 모든 것을 다룰 수 없습니다. 임시방편으로는 하나님에게로 가는 길을 찾을 수 없습니다. 예컨대, 우리 서구, 특히 독일의 위기 상황을 즉각 종교적 원인, 곧 하나님으로부터 이탈한 데에서 찾고, 따라서 '기독교의 품속으로 돌아가자'고 결론을 내리듯이 말입니다. 그런 나팔 소리는 순전히 목적을 위한 수단일 뿐이며 참된 회개나 진지한 진리와는 아무런 상관이 없습니다. 이는 그리스도를 전략적인 수단으로 이용하는 가장 신성모독적인 방식입니다. 출발을 요구하는 그런 나팔 소리에는 어느 누구도 한 걸음도 움직이지 못할 것입니다. 우리가 그 부르심에 순종할 수 있는지 또는 그 부르심을 들을 수 있는지조차 우리에게 달려 있는 일이 결코 아니기 때문입니다. 모든 것이 은혜입니다. 그러나 이 은혜조차도 우리에게 선물로 **주어진 것입니다.**

복음, 놀라운 소식

이제 우리는, 이 세상의 심판 법칙을 마주한 후, 교리문답 제2막에서 갑자기 하늘과 땅의 창조주이신 하나님 **아버지**에 대해 이야기할 때, 다음과 같은 완전히 새롭고도 놀라운 국면이 등장하는 이유에 대해 이해하게 됩니다. "나는 전능하시며 하늘과 땅의 창조주이신 하나님 아버지를 믿습니다." 이 선언이 새롭고 놀라운 점은 세상의 근원이 비인격적인 생명의 질서나 심판의 법칙으로 이루어져 있기보다 오히려 아버지가 거기서 다스리고 계신다는 데 있습니다. 더 나아가, 나를 향해 심연의 저편에서 손을 뻗으시는 분이 거기서 다스리십니다. 그 손은 바로 예수 그리스도

이십니다. 거기에는 우리 모두를 노예로 만들었던 죄와 속죄의 법칙, 곧 응보라는 원초적 법칙을 깨뜨리고 스스로 속죄를 짊어지신 분, 빛으로 충만한 아버지의 집 문을 나서 길을 잃은 아들을 맞이하기 위해 서둘러 달려오신 분이 계십니다.

비로소 이제 우리는 왜 이 모든 것이 '복음', 즉 '기쁜 소식'이라 불리는지 이해하게 됩니다. 그 사실이 기쁜 이유는 단순합니다. 세상의 궁극적인 비밀이 비인격적인 질서가 아닌, 아버지의 마음에 자리 잡고 있기 때문입니다. 또한 '복음'이라는 용어에는 '소식'이라는 단어가 포함되어 있는데, 여기에는 깊은 의미가 담겨 있습니다. 곧, 여기서 전해지고 있는 소식은 (누군가 알려 주어야만 하지) 우리가 결코 스스로 알아낼 수 없는 것입니다.

내가 무언가 새로운 사실을 알게 된다는 것은, 즉 내가 스스로 말할 수도 없고 기대할 수조차 없었던 무언가를 외부로부터 들어야만 알 수 있다는 것은 복음이 전해 주는 내용이 오로지 **역사적** 사실에 근거하고 있음을 명료하게 드러내 줍니다. 하나님이 세상을 창조하셨고, 그리스도가 태어나시고, 고난받으시고, 십자가에 못 박히시고, 죽으시고, 장사되시고, 다시 살아나셨다는 사실 말입니다. 이런 역사적 사실들은 여기서든, 아니면 다른 곳에서든 반드시 누군가가 **알려 주어야만** 알 수 있습니다.

내 안에서는 그런 지식들을 생성해 낼 수 없습니다. 아마 아무도 말해주지 않는다 하더라도, 삶의 경험에 의지하여, 2에 2를 곱하면 4가 된다는 사실은 발견할 수 있을 것입니다. 하지만 나는 나폴레옹이 프랑스 황제였고, 제1차 세계 대전이 1914년에 발발했다는 사실을 결코 스스로는 발견할 수 없습니다. 어쩌면 한 크리스마스 캐럴("오, 기쁘도다"[O du fröhliche]—역주)이 말하는 바, "세상이 길을 잃었다"라는 문장으로 묘사하는 사실까지는 스스로 찾아낼 수 있을지 모르지만, 어떤 경우에도 나는 이어지는 가사, "그리스도가 탄생하셨다"라는 문장을 스스로 알아낼 수는 없을 것입니다. "그리스도가 탄생하셨다"라는 것은 누구도 전혀 예상할 수 없이, 그리고 하나님의 갑작스럽고 이해할 수 없는 기적으로 일어난 역사적 사실이기 때문입니다. 그렇기 때문에, 곧 그것이 그런 역사적 사실이기 때문에, 그리고 그런 기적이자 예측할 수 없는 사실에 관한 것이기 때문에, 복음은 '소식', '새로운 것', 더 나아가 '놀라움 그 자체'라는 특징을 지니며, 우리는 당연히 그 소식을 예상할 수 없기에, 오직 외부로부터 접하는 방법밖에 없습니다.

복음은 자연적인 세계관은 물론 도덕적 세계관의 논리로도 전혀 파악될 수 없는, 그만큼 예상을 뒤엎는 소식이기 때문에, 신약성경에서 복음을 처음 접한 사람들이 깜짝 놀라거나 심지어 바닥에 납작 엎드렸다는 기사를 우리는 반복해서 듣게 됩니다. 크리스마스 이브에 목자들은 자신들에게 전해진 큰 기쁨의 소식 앞에서 두려워했고, 천사는 그들에게 "두려워하지 말라!"라고 분명히 외쳐야 했습니다. 복음의 메시지를 담고 있으며 "복이 있나니"라는 위로의 말로 시작하는 산상수훈도 사람들이 "깜짝 놀라" 어찌할 바를 몰랐다는 복음서 기자의 말로 끝맺어집니다. 주님의 빈 무덤에 대한 구절에도 동일한 반응이 기록되어 있습니다. 제자들과 여인들은 구주의 부활에 기뻐하고 감사하기보다, 얼어 붙은 듯한 공포와 숨이 멎을 듯한 충격에 휩싸이게 됐습니다.

신약성경에서 사람들의 놀라움을 묘사하는 다른 상황들을 많이 거론할 수 있겠지만, 거기에 등장하는 이 "놀라움"(Entsetzen)이라는 단어는 극히 드문 경우에 슬픈 상황에서만 사용되고, 대부분은 기적 같은 소식이나 구원사적 사건에서 비롯된 충격을 나타낼 때 사용됩니다. 이때 사람들은 기존의 세계관 전체를 '수정'하도록 요구받습니다. 옛 세상의 맥락에서는 수용할 수 없는 완전히 새로운 사건이 발생했기 때문입니다.

교리문답의 시작에 나오는 강압적이고 위협적인 십계명과 좋은 열매라고는 전혀 없는 우리의 삶을 인식한 후, 우리는 '하나님 아버지'의 복음과 함께 완전히 새로운 상황에 놓이게 됩니다. 이어서 나오는 교리문답의 신앙 고백은 우리 인생의 새로운 기반을 분명히 보여 주는 역할을 합니다. 이 신앙 고백은 우리의 창조주, 우리의 구속주, 우리의 보혜사에 대해 말하고 있기 때문입니다.

나는 믿습니다

루터의 신앙 고백, 곧 교리문답 제1조에서 영광스럽게 해설한 것을 통해 이를 분명하게 살펴봅시다.

나는 믿습니다. 하나님은 나와 모든 만물을 창조하셨습니다. 하나님은 내 몸과 영혼, 눈과 귀, 몸의 모든 기관, 이성과 모든 감각을 나에게 주셨고, 지금도 돌보아 주십니다. 하나님은 입을 것과 신을 것, 먹을 것과 마실 것, 집과 뜰, 반려자와 아이, 경작할 땅과 가축, 그 밖의 모든 것을 나에게 주셨고, 살아가는 데 필요한 모든 것을 시시때때로 풍성히 더하십니다. 이는 나의 수고나 내가 잘나서 받는 것이 아니라, 오직 하나님 아버지의 선하심과 인자하심 때문입니다. 그러므로 이 모든 것을 나에게 주신 하나님께 감사하고 찬양하며 섬기고 순종하는 것이 나의 마땅한 의무입니다. 이것은 확실한 진리입니다. (마르틴 루터, 『(마르틴 루터) 소교리문답·해설』, 최주훈 역, 복있는사람, 2018에서 발췌)

우리는 이 해설을 읽는 순간, 복음의 숨결, 기쁜 소식의 숨결이 창조주에 대한 이 신앙 설명을 통해 불어넣어짐을 느낍니다. 이 진술의 중요한 지점들이 그 전체를 우리에게 명료하게 해 줄 것입니다.

왕족 혈통의 기원

하나님이 나를 창조하셨습니다. 말하자면 나는 그분의 손에서 나왔습니다. 나는 그분의 자녀이며, 따라서 내 이마에는 그 왕족 혈통의 고귀한 표식이 있습니다. 예수님이 우리를 형제라고 부르시는 이유는 바로 우리가 '신적 혈통'을 공유하고 있기 때문입니다. 예수님이 만나는 사람들마다 즉각 친밀한 관계를 맺으시는 것도 바로 이 때문입니다. 그분은 그들의 존재를 둘러싼 모든 먼지층까지도 꿰뚫어 보시고, 그들의 신적 혈통과 하나님의 자녀 됨의 숨겨진 특징들을 바라보십니다.

모든 선물을 주시는 분

하나님은 나를 계속 지켜주시고 인생에 필요한 모든 것을 주십니다. 루터는 가장 깊고도 중요한 요소부터 언급하기 시작합니다. 즉, 그분은 나에게 몸과 영혼을 주시고 계속 지켜주십니다. 그다음에 루터는 하늘에 계신 아버지가 날마다 풍성하게 주시는 내 삶의 양식과 물품 들을 언급합니다. 나 자신뿐 아니라 내 삶의 모든 환경도 모든 좋은 선물을 주시는 분에게서 옵니다.

값없는 선물

그분은 이 모든 것을 '아버지의 신적인 선하심과 자비하심으로, 내 공로나 자격과 상관없이' 주십니다.

루터는 이를 통해 우리 존재 전부가 참으로 선물이며, 그 선물을 받기 위해 우리는 아무 기여도 할 수 없다는 사실을 지적합니다. 물론 교리문답 제1조에서 언급된 삶의 모든 영역(예, 집과 농장, 돈과 재산 등)은 내가 맡은 일입니다. 또한 나는 내 능력과 재능에 따라 그 안에서 창조적인 성취를 얻어 낼 수 있습니다. 하지만 내가 하는 모든 일과 모든 성취는 오직 하나의 조건하에서만 가능합니다. 곧, 내 성취의 기반이 되는 모든 것이 이미, 앞서 내게 선물로 주어졌다는 것입니다. 의복과 음식은 내가 그것들을 얻기 전에 이미 존재하고 있어야 합니다. 적어도 그것들을 재단할 원단이나 요리할 식자재라도 말입니다. 마찬가지로, 내가 그것들을 활용할 능력도 이미 선물로 주어졌어야 합니다. 의사는 치료 방식이 자연에 이미 존재할 때에만 도움을 줄 수 있고, 농부는 마티아스 클라우디우스의 아름다운 말처럼 하나님이 "성장하게 하시고 번영하게 하실 때"에만 소출을 얻을 수 있습니다. 따라서 루터는 이 모든 것이 "나의 공로나 자격과 상관없이" 내게 선물로 주어지고 또한 이루어진다고 바르게 말한 바 있습니다.

하나님이 하시는 일과 우리 자신의 삶의 기여를 백분율로 나누어 계산할 수는 없습니다. 예를 들어, 우리가 성공에 필요한 조건의 80%를 기여하고 하나님이 나머지 20%를 기여해야 한다고 생각해서는 안 됩니다. 우리가 할 수 있는 모든 일, 특히 우리 영혼의 힘이나 영감의 천재성으로 수행한다고 하는 그 모든 일조차도 전제 조건의 측면과 성공의 측면에 있어서 전적으로 선물입니다. 우리의 모든 노력과 투쟁, 창의성과 주도성은 마치 산술식의 괄호 안에 놓였으며, 그 괄호 앞에는 괄호 안의 모든 요소에 영향을 미치는 '은혜'라는 값이 덧붙여져 있는 것과 같습니다(가령, 은혜 × [노력 + 투쟁 + 창의성 + 주도성]이라는 수식이라면, 은혜의 값이 0이면 결괏값도 0입니다—역주). 아버지가 되신 그분의 선하심이 우리를 사방에서 감싸고 있습니다. 동시에, 이런 통찰은 분명 오직 하나님과의 살아 있는 관계에 열려 있을 때에만 유지될 수 있습니다. 예컨대, 우리는 "재능"(Begabung, '베가붕')이라는 단어에서 이를 확인할 수 있습니다. 이 단어는 내게 있을 수 있는 정신과 영혼의 능력이 나의 소유물이 아니라, 값없이 주어지는 선물, 즉 "은사"(Gabe, '가베')에서 비롯했음을 보여 줍니다. 하지만 나와 하나님의 관계가 끊어지는 순간, '재능'이라는 단어는 다른 뉘앙스를 띠게 됩니다. 그것은 은근한 인간의 자랑거리, 더 나아가 인간의 자만심의 상징이 됩니다. 그 결과 '재능'이라는 단어의 의미는 의도치 않게 정반대로 뒤집어져, 인간의 자율

성 안에서 탁월함을 표현하는 술어가 됩니다.

하지만 하나님의 말씀은 우리에게 이렇게 묻습니다.

네게 있는 것 중에 받지 아니한 것이 무엇이냐? 네가 받았은즉 어찌하여 받지 아니한 것같이 자랑하느냐? (고린도전서 4:7)

감사와 순종

마지막으로, 루터가 그 해설에서 제시하는 네 번째이자 마지막 측면은 다음과 같습니다.

> 이 모든 것을 나에게 주신 하나님께 감사하고 찬양하며 섬기고 순종하는 것이 나의 마땅한 의무입니다.

우리의 찬양, 감사, 순종에 대한 이런 호소를 통해 생각의 순환이 완성됩니다. 위의 말에는 다음과 같은 뜻이 담겨 있기 때문입니다. 곧, 창조와 창조주에 대해 이야기할 때, 단순히 '미적으로 감상하듯' 말할 수는 없습니다. 창조와 자연을 가리켜 단지 '아름답다'고 묘사하는 것은 전형적인 현대의 정서입니다. 그래서 현대인이 자연과 창조 세계를 대할 때에는 별다른 책임감 없는 태도를 취하게 됩니다. 현대인에게 자연은 선과 악 저 너머에 있으며, 그것이 우리를 고발하는 일도 없습니다. 따라서 우리는 스스로를 감당하기 어렵거나 양심의 가책을 느낄 때 자연 속으로 도피할 수 있습니다. 현대인의 의식이 예배를 대체하는 자연 숭배의 경향을 따라가는 것은 결코 이유가 없지 않습니다. 자연이 주는 기쁨에 대한 그런 숭배적 의미는 아마도 다음과 같이 표현될 수 있을 것입니다. 즉, 자연은 (비록 거짓된 안식이기는 하지만) 사람들을 내버려 둠으로써 그들에게 안식을 줍니다.

성경에서 그리고 전적으로 성경을 따르는 루터에게서 우리는 이제 창조 세계와 자연에 대한 완전히 다른 담론을 듣게 됩니다. 이 담론은 우리가 항상 창조주와 직접 마주하는 방식으로 나타납니다. 우리는 그분의 손에서 나왔고 그분의 얼굴 앞에 서 있습니다. 따라서 ("나의 마땅한 의무입니다"라는 루터의 해설의 마지막 문장이 보여 주듯이) 창조 세계, 자연을 바라보는 일은 사람들에게 그저 쉼을 주고 미적 즐거움을 주는 것이 아니라, 반대로 그들의 내적인 삶에 영향을 미치면서 그들에게 부담을 안겨 줍니다. 인간은 하나님의 은혜 안에서 붙들려 있고 아버지의 손길로 살아간다는 사실에 늘 반응하며 살아야 합니다.

이는 인생 전체의 의미에 깊은 영향을 미칩니다. 이제 우리의 삶과 일 전체에서 감사 외에는 아무것도 남지 않습니다. 이제 우리의 소유와 재능은 가정과 삶에 필요한 역할일 뿐이며, 언제든지 주님에게 되돌려드릴 수 있어야 합니다. 지금까지 그것들을 누릴 수 있었던 것에 감사하며, 비록 이유가 아직 이해되지 않더라도, 주고받는 일에 담긴 하나님의 저 깊은 뜻을 진정으로 인정해야 합니다. 깊고 깊은 재앙 속에서도 여전히 울리는 욥의 고백처럼 말입니다.

> 하나님은 아무 이유 없이 주시는 분이시며 아무 까닭 없이 가져가실 수 있는 분입니다. 내가 어떤 처지에 있든지 하나님께서 찬양받지 못하실 이유가 전혀 없습니다! (욥기 1:21 『더바이블 욥기』).

그렇기에 우리가 계명의 문을 통해서든, 창조 신앙의

문을 통해서든, 하나님의 장엄한 현실에 접근할 때에, 결코 경건한 감정, 지성적인 토론, 또는 책임감이 필요 없는 심미의 영역에 들어가는 것이 아닙니다. 오히려 그것은 언제나 우리 내면의 가장 깊은 곳에 감동을 전해 주고, 그것은 언제나 우리 인생의 진지함을 요구하며, 그것은 언제나 우리가 그분에게 온전히 속하여 인생의 전부를 그분에게 바칠 것을 기대합니다.

가진 것을 모두 팔지 않는 자는 모든 것이 손 안에 있는 모래처럼 빠져나가고, 참된 평화를 얻지 못한 채 남게 될 것입니다. 더욱이 이 지고한 관계를 회피하는 자는 자연 속에서—빛나는 눈밭 속에서도, 바닷소리 속에서도, 봄 향기 속에서도—결코 하나님을 볼 수 없을 것입니다. 역사 속에서도 하나님을 볼 수 없고, 비스마르크(Bismarck)가 말한 사건들 속에서도 하나님의 겉옷 자락이 스치는 소리조차 결코 듣지 못할 것입니다. 그들은 오직 신들, 악마들, 환영들만 보게 될 것입니다.

하나님은 '관객'이 아니라 '따를 자'를 원하십니다. 그분은 단순히 감정에 북받친 자가 아니라 깃치 아래 설 자를 원하십니다. 그러므로 창조주 하나님에 대해 말한다는 것은 단순히 세상이 어떻게 생겨났는지에 대한 이론을 가지는 것, 그 이상을 뜻합니다. 그것은 바로 그분의 심장이 우리를 향해 뛰고 있기에, 우리의 심장을 내어드리는 일을 뜻합니다.

시리즈* 소개: "도상에서"(Auf dem Weg)

오랫동안 확실하고 자명해 보였던 것이 갑자기 의문시되기 시작했습니다. '우리는 어떻게 삶을 헤쳐 나갈 것인가?', '믿는다는 것은 대체 어떻게 하는 것인가?' 이 두 가지 질문은 오늘날의 불확실성을 함축적으로 보여 줍니다. 단지 이론적으로 옳은 답뿐 아니라 실천적으로도 옳은 답이 더욱 중요한 시점입니다.

요하네스 키펠 출판사(Johannes Kiefel-Verlag)의 새로운 시리즈 "도상에서"(Auf dem Weg)는 이를 위한 도움을 제공하

---

* 여기서 '시리즈'란 원서가 속한 시리즈를 뜻합니다.

고자 합니다.

  이 시리즈의 신선함, 즉 긍정적 의미에서의 현대적 그리고 독자 친화적 특징은 독자가 매 지면마다 현재 무엇을 다루고 있는지 알 수 있다는 점 및 삶의 경험과 믿음의 확신을 모두 지닌 남성과 여성 들이 여기서 이야기를 들려주고 있다는 점에 있습니다.

— 베스트팔렌 개신교 선교국

(Volksmissionarisches Amt der ev. Kirche von Westfalen)